Die Reihe „Lernen am PC" kann praxisbezogen im aktuellen Unterricht fortlaufend eingesetzt werden. Der hilfreiche PC dient dazu als neues Medium, durch das die Schülerinnen und Schüler zweckmäßig das gerade Erlernte festigen und ihr Wissen vertiefen.

Die Hefte umfassen jeweils 20 Arbeitsblätter als Kopiervorlagen, die von den Schülerinnen und Schülern einzeln oder im Team gelöst werden können, mit methodisch-didaktischen Kommentaren. **Die neuen Bildungsstandards wurden dabei berücksichtigt.**

Ein kompaktes und sehr verständliches Schritt-für-Schritt-Technikkapitel nimmt auch dem noch so ungeübten PC-Anfänger die Hemmschwelle und macht den Einsatz des PCs im Unterricht kinderleicht.

Heft 6 – Lernen am PC: Grammatik mit Word

Word ist ein Programm, das sich – meistens – auf jedem Computer befindet. In diesem Heft zeigen wir, wie auch Kinder damit arbeiten und im Grammatikunterricht für gezielte Übungen nutzen können.

Die Anweisungen auf den Kopiervorlagen beziehen sich auf Word 2000, falls es in den Versionen 2002 und 2003 Änderungen gibt, wird jeweils darauf hingewiesen.

Die Arbeit am PC wird hier nicht zum Selbstzweck, sondern ist jeweils eingebunden in kleine Unterrichtseinheiten mit herkömmlichen Übungsmethoden, die nach dem individuellen Bedarf der Klasse und im Hinblick auf die Anzahl der vorhandenen Computer erweitert werden können. Die Kopiervorlagen, die mit dem PC bearbeitet werden, sind entsprechend ge[...]

Zu den Arbeitsblättern

Individuelle, nicht einheitliche Lösungen oder solche, die auf Arbeitsanweisungen basieren, sind nicht aufgeführt.

1 ▶ Wörter haben Namen (1) – Nomen

Ziele
- ▷ wiederholen / lernen, wer oder was mit Nomen bezeichnet wird
- ▷ Großschreibung der Nomen wiederholen
- ▷ Einzahl und Mehrzahl wiederholen
- ▷ bestimmter und unbestimmter Artikel wiederholen
- ▷ Nomen zu den Beispielen suchen

Lösungen
1) individuell
2) der Bleistift – die Bleistifte, die Tasche – die Taschen, das Mäppchen – die Mäppchen, die Blume – die Blumen, der Affe – die Affen, das Schwein – die Schweine, der Vater – die Väter, die Mutter – die Mütter, das Kind – die Kinder, der Wunsch – die Wünsche, die Freude – die Freuden, das Glück; weitere Wörter individuell
3) der Bleistift – ein Bleistift, die Tasche – eine Tasche, das Mäppchen – ein Mäppchen, die Blume – eine Blume, der Affe – ein Affe, das Schwein – ein Schwein, der Vater – ein Vater, die Mutter – eine Mutter, das Kind – ein Kind, der Wunsch – ein Wunsch, die Freude – eine Freude, das Glück – ein Glück; weitere Wörter individuell

Hinweis
- ▷ Ausweitung der Arbeit: Nomen aus Lesebüchern suchen und mit Einzahl / Mehrzahl (bestimmter / unbestimmter Artikel) in Tabellen einordnen.

2 ▶ Wörter haben Namen (2) – Verben

Ziele
- ▷ wiederholen / lernen, dass Verben anzeigen, was jemand tut oder was geschieht
- ▷ Grundformen und Personalformen des Verbs wiederholen / lernen
- ▷ Zeitformen des Verbs wiederholen / lernen

Lösungen
1. individuell
2. individuell
3. individuell

Hinweis
- ▷ Partnerarbeit: Personalpronomen auf Kärtchen schreiben, ein Schüler nennt die Grundform eines Verbs und zeigt dem Partner ein Personalpronomen, der Partner nennt die richtige Personalform.

3 ▶ Wörter haben Namen (3) – Adjektive

Ziele
- ▷ Leistung von Adjektiven wiederholen / lernen
- ▷ passende Adjektive zu einem Wort markieren
- ▷ Steigerungsformen der Adjektive wiederholen / kennen lernen

Lösungen
- ▷ grün: lang, kurz, traurig, interessant, spannend, langweilig, schön, lustig, aufregend, schaurig; rot: hoch, klein
- ▷ lang, länger am längsten; kurz, kürzer, am kürzesten; traurig, trauriger, am traurigsten; interessant, interessanter, am interessantesten; spannend, spannender, am spannendsten; langweilig, langweiliger, am langweiligsten; schön, schöner, am schönsten; lustig, lustiger, am lustigsten; aufregend, aufregender, am aufregendsten; schaurig, schauriger, am schaurigsten

Hinweise
- ▷ Partnerarbeit, mündlich: ein Kind nennt ein Nomen, der Partner nennt drei passende Adjektive
- ▷ eigene Adjektive suchen und steigern

4 ▶ Wörter haben Namen (4)

Ziele
- ▷ Nomen, Verben und Adjektive in einem Text erkennen und mit unterschiedlichen Farben markieren
- ▷ drei Nomen exemplarisch in Einzahl und Mehrzahl aufschreiben

▷ drei Verben exemplarisch in der Grundform und einer Personalform aufschreiben
▷ drei Adjektive exemplarisch steigern

Lösungen

1) Nomen: Mäuschen, Katze, Minka, Babys, Kätzchen, Mäuschen, Schränke, Ecken, Versteck, Geschwister, Bettdecke, Weile, Schnurren, Schabernack; Verben: hat, heißt, ist, klettert, verkriecht, findet, faucht, erschreckt, schlüpft, jagt, wird, hört, verzeihen; Adjektive: schwarze, getigertes, getigerte, klein, frech, vorwitzig, hohe, dunkle, ruhig, lautes, frechen, tollsten

2) individuell

3) individuell

4) individuell

5 ▶ Wörter haben Namen (5) – Formatieren

Ziele

▷ Nomen in Word blau unterstreichen
▷ Formatierung Unterstreichung und Farbe **Blau** einstellen

Lösung

▷ Das Wort **Mäuschen** erscheint blau unterstrichen.

Hinweise

▷ Bereiten Sie für jedes Kind eine Datei unter dem Namen „Mäuschen" vor. Der Text ist identisch mit dem Text auf AB Nr. 4. Sie können diese Datei auch aus dem Internet herunterladen, entweder beim Mildenberger Verlag unter www.mildenberger-verlag.de>forum>Lernen am PC oder bei den Autoren unter www.computer-in-der-schule.de/page33.html.

▷ Sinnvoll wäre, die Formatierungen in einer separaten Datei zu üben. Dabei können auch andere Einstellungen für die Unterstreichung ausprobiert werden.

6 ▶ Wörter haben Namen (6) – Format übertragen

Ziele

▷ ein vorher eingestelltes Format übertragen
▷ die Schaltfläche **Pinsel** kennen lernen und benutzen
▷ Möglichkeit der einmaligen und mehrmaligen Formatübertragung kennen lernen
▷ den Pinsel als Arbeitserleichterung begreifen
▷ die Pinselfunktion ausschalten

Lösung

▷ In der Datei erscheinen alle Nomen blau unterstrichen.

7 ▶ Wörter haben Namen (7) – Formatierung ändern

Ziele

▷ Verben in Word rot unterstreichen
▷ Adjektive in Word grün unterstreichen
▷ Arbeitsschritte teilweise wiederholen und an entscheidenden Stellen ändern (Farben)
▷ wiederholter Einsatz des Pinsels

Lösungen

▷ In der Datei erscheinen alle Verben rot unterstrichen.
▷ Die Adjektive erscheinen in der Datei grün unterstrichen.

8 ▶ Wörter haben Namen (8) – Rätsel

Ziele

▷ Gelerntes spielerisch überprüfen
▷ Wörter in den Rätseln finden
▷ Schlangensätze lesen und richtig aufschreiben

Lösungen

1)

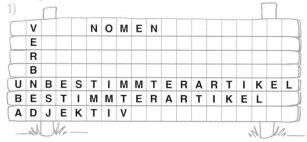

V			N	O	M	E	N								
E															
R															
B															

U N B E S T I M M T E R A R T I K E L
B E S T I M M T E R A R T I K E L
A D J E K T I V

2)

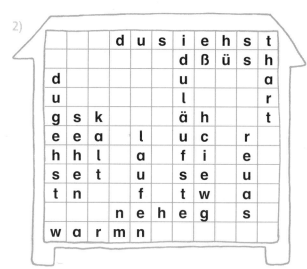

		d	u	s	i	e	h	s	t
				d	ß	ü	s	h	
d					u			a	
u					l			r	
g	s	k			ä	h		t	
e	e	a		l		u	c		r
h	h	l		a		f	i		e
s	e	t		u		s	e		u
t	n			f		t	w		a
		n	e	h	e	g		s	
w	a	r	m	n					

3) Wörter haben Namen. Es gibt z. B. Nomen, Verben, Adjektive und Artikel. Nomen werden groß geschrieben.

9 ▶ Vorangestellte Wortbausteine (1) – Verbenrad

Ziele

▷ Wiederholung: Durch angefügte Wortbausteine können neue Verben gebildet werden.
▷ ein Verbenrad basteln
▷ das Verbenrad bedienen und neue Verben notieren
▷ zwischen möglichen und nicht möglichen Neubildungen unterscheiden

Lösungen

1) begeben, vorgeben, hergeben, eingeben, hingeben, vergeben, angeben
2) begehen, vorgehen, eingehen, hingehen, entgehen, vergehen, angehen
3) beschenken, herschenken, einschenken, verschenken
4) besehen, vorsehen, hersehen, einsehen, hinsehen, versehen, ansehen

Hinweis

▷ Würfel mit verschiedenen Wortbausteinen bekleben und ein Wettspiel als Partnerarbeit veranstalten.

10 Vorangestellte Wortbausteine (2) – Anweisungen

Ziele
- eine Datei öffnen
- Textfelder mit der Drag&Drop-Funktion bewegen
- eine Tabelle in Word vervollständigen
- eine Schritt-für-Schritt-Anweisung befolgen
- neue Verben mit vorangestellten Wortbausteinen finden
- eine Datei speichern

Lösungen der Datei „Wortbausteine"

ver-	er-	be-	ein-
verlaufen	–	–	einlaufen
verfahren	erfahren	befahren	einfahren
vernehmen	–	benehmen	einnehmen
verkaufen	erkaufen	–	einkaufen
verschreiben	–	beschreiben	einschreiben

Hinweise
- Bereiten Sie für jeden PC eine Datei unter dem Namen „Wortbausteine" vor (s. Abbildung). Als Anleitung können Ihnen dabei auch die Arbeitsblätter Nr. 12 und Nr. 13 dienen.

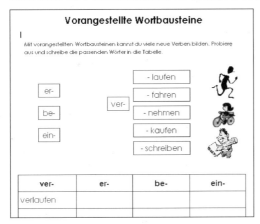

- Sie können diese Datei auch aus dem Internet herunterladen, entweder beim Mildenberger Verlag unter www.mildenberger-verlag.de>forum>Lernen am PC oder bei den Autoren unter www.computer-in-der-schule.de/page33.html.

11 Vorangestellte Wortbausteine (3) – Wortbausteine – Rätsel herstellen

Ziele
- neue Wortbausteine und Verben suchen
- Textfelder herstellen und beschriften
- Textfelder verschieben (Drag & Drop)
- die eigene Arbeit speichern

Lösung
- individuell je nach ausgesuchten Wörtern. Das Aussehen sollte ähnlich der Datei Wortbausteine sein.

Hinweise
- in der Klasse mögliche Wortbausteine als Hilfe sammeln
- eine Anleitung zum Speichern einer Datei gibt es ausführlich auf AB Nr. 15

12 Vorangestellte Wortbausteine (4) – Fortsetzung Wortbausteine – Rätsel herstellen

Ziele
- Arbeit mit dem Textfeld wiederholen
- eine Tabelle aufziehen und im Textfeld platzieren
- Tabelle beschriften
- die eigene Arbeit speichern

Lösung
- individuell: Tabelle je nach Anzahl der Wortbausteine und Verben

Hinweise
- Die Platzierung der Tabelle im Textfeld empfiehlt sich deshalb, weil so die Tabelle genauer verschoben werden kann.
- Für die Beschriftung des Tabellenkopfes können Schriftgrad und Schriftart geändert werden. Wenn Sie die entsprechende Zeile markieren, gelten die Änderungen für alle markierten Zellen.

13 Satzglieder

Ziele
- wiederholen / lernen, dass Sätze aus Satzgliedern bestehen
- wiederholen / lernen, dass Satzglieder aus einem oder mehreren Wörtern bestehen können
- aus vorgegebenen Satzteilen Sätze bilden
- auf Satzanfänge achten (Großschreibung)
- Satzglieder entsprechend der Arbeit mit dem PC einzeichnen

Lösungen
1) z. B.: Unsere Lehrerin arbeitet jeden Tag mit uns am Computer. / Wir machen sogar eine eigene Homepage.
2) Jeden Tag arbeitet unsere Lehrerin mit uns am Computer. / Am Computer arbeitet unsere Lehrerin jeden Tag mit uns. / Mit uns arbeitet unsere Lehrerin jeden Tag am Computer. / Sogar eine eigene Homepage machen wir. / Eine eigene Homepage machen wir sogar.
3) Anton und Phillip / sind / unsere / Experten. Sie / helfen / den anderen Kindern. Das / macht / ihnen / viel Spaß.
4) Worddatei Umstellprobe: Wir arbeiten jeden Tag am Computer. / Jeden Tag arbeiten wir am Computer. / Am Computer arbeiten wir jeden Tag. / Arbeiten wir jeden Tag am Computer? // Anton und Phillip sind unsere Experten. / Unsere Experten sind Anton und Phillip. / Sind Anton und Phillip unsere Experten? // Sie helfen den anderen Kindern. / Den anderen Kindern helfen sie. / Helfen sie den anderen Kindern? // Das macht ihnen viel Spaß. / Viel Spaß macht das ihnen. / Ihnen macht das viel Spaß / Macht das ihnen viel Spaß?

14 Umstellprobe mit dem PC (1) – Textfeld bewegen

Ziele
- eine Datei öffnen
- ein Textfeld verschieben
- in ein Textfeld schreiben
- eine Schritt-für-Schritt-Anweisung befolgen

Hinweis
- Das Arbeitsblatt dient als Anweisung für die Arbeit mit der Datei **Umstellprobe**.

15 Umstellprobe mit dem PC (2) – Speichern

Ziele
- eine Datei speichern
- eine Schritt-für-Schritt-Anweisung befolgen

Hinweis
- Achten Sie darauf, dass die Kinder diese Datei in einem eigenen Ordner speichern, weil sonst die Originaldatei überschrieben wird.

16 Umstellprobe mit dem PC (3) – Ausschneiden und einfügen

Ziele
- einen kurzen Text in Word schreiben
- einzelne oder mehrere Wörter ausschneiden und an anderer Stelle einfügen
- einzelne oder mehrere Wörter markieren
- Schritt-für-Schritt-Anweisungen befolgen
- Satzteile erkennen und umstellen
- einen eigenen Satz in Word bearbeiten und mit dem Partner tauschen

Mögliche Lösungen der Word-Datei
1) Jedes Jahr fahren meine Eltern und ich nach Spanien.
2) Nach Spanien fahren meine Eltern und ich jedes Jahr.
3) Fahren meine Eltern und ich jedes Jahr nach Spanien?

Hinweise
- Schriftgröße und Schriftart können von den Schülern eingestellt werden.
- Arbeit von den Kindern speichern lassen (Anweisungen s. AB Nr. 15)

17 Satzglieder haben Namen (1) – Das Subjekt

Ziele
- wiederholen / lernen, dass Satzglieder Namen haben
- wiederholen / lernen, dass man nach dem Subjekt mit „wer oder was" fragt
- Subjekte durch Fragen finden und markieren

Lösung
- wir; meine Eltern; Vater; er; mein Bruder; Vater

Hinweise
- eigene Sätze aufschreiben und nach dem Subjekt fragen
- Sätze aufschreiben und mit dem Partner tauschen. Der Partner sucht und unterstreicht das Subjekt.

18 Satzglieder haben Namen (2) – Das Prädikat

Ziele
- wiederholen / lernen, dass das Prädikat sagt, was das Subjekt tut oder was geschieht
- wiederholen / lernen, dass ein Prädikat aus zwei Teilen bestehen kann

- Prädikate erfragen und im Text markieren

Lösung
- arbeiten; startet; schreibt; malt; sucht; schaut an; löst; rechnet aus

Hinweise
- eigene Sätze aufschreiben und nach dem Prädikat fragen
- Sätze aufschreiben und mit dem Partner tauschen. Der Partner sucht und unterstreicht das Prädikat.

19 Satzglieder haben Namen (3) – Das zweiteilige Prädikat

Ziele
- zweiteilige Prädikate kennen lernen und in der richtigen Personalform einsetzen
- Sätze mit zweiteiligen Prädikaten bilden

Lösungen:
1) Zu meinem Geburtstag lade ich alle meine Freunde ein. Zuerst blase ich die Kerzen aus, dann essen wir den Kuchen auf. Später fahren die Jungen den Computer hoch und die Mädchen suchen die Spiele aus. Bevor wir zum Schluss ins Kino gehen, spiele ich ihnen ein Lied auf meiner neuen Mundharmonika vor und Mutter schaltet das Licht aus.
2) individuell

Hinweise
- weitere Sätze mit zweiteiligen Prädikaten üben
- Arbeitsblatt Nr. 9 und die Datei Wortbausteine auf mögliche zweiteilige Prädikate überprüfen lassen

20 Satzglieder haben Namen (4) – Subjekt und Prädikat hervorheben

Ziele
- einzelne und mehrere Wörter in Word farblich hervorheben
- einzelne oder mehrere Wörter markieren
- die Funktion Hervorheben ausschalten
- Fehler bei Hervorhebungen korrigieren
- Schritt-für-Schritt-Anweisungen befolgen
- Subjekte und Prädikate in einem Text erkennen

Lösungen der Word-Datei
1) Subjekte: Vater; er; Er; Mutter; er; Er; Mutter
2) Prädikate: wollte kaufen; fand; sah; liebte; entdeckte; kaufte; trug; freute sich; sind

Hinweise
- Text als Word-Datei vorbereiten: Tulpen oder Nelken? Einmal wollte Vater Blumen kaufen. Im Geschäft fand er viele verschiedene Sorten. Er sah rote Rosen, gelbe Tulpen und weiße Nelken. Welche liebte Mutter wohl am meisten? Dann entdeckte er eine Schale mit blauen Vergissmeinnicht. Er kaufte sie und trug sie stolz nach Hause. Mutter freute sich sehr, aber ihre Lieblingsblumen sind weiße Margeriten.
- Sie können diese Datei auch bequem aus dem Internet herunterladen, entweder beim Mildenberger Verlag unter www.mildenberger-verlag.de>forum>Lernen am PC oder bei den Autoren unter www.computer-in-der-schule.de/page33.html.

von Rainer Walter Schwabe

Auf den nächsten vier Seiten lernen Sie kompakt das kennen, was Sie für die Arbeitsblätter in diesem Heft an **Word-Kenntnissen** benötigen.

Sollten Sie Fragen haben, erreichen Sie das Autorenteam **Schwabe & Datz** unter der Internet-Adresse: **www.computer-in-der-schule.de**

Übungsdateien aus dem Internet

Der Mildenberger Verlag und das Autorenteam Schwabe & Datz bieten den Service, die Übungsdateien direkt aus dem Internet

herunterzuladen. Beachten Sie dabei die Hinweise im Lehrerkommentar dieses Heftes.

Autorenteam Schwabe & Datz
Internet-Adresse: www.computer-in-der-schule.de
▷ Gemeinsame Bücher
▷ Lernen am PC
▷ Grammatik

Mildenberger Verlag
Internet-Adresse: www.mildenberger-verlag.de
▷ Forum
▷ Lernen am PC
▷ Grammatik

1. Starten Sie Ihre Internet-Verbindung und geben Sie die Internet-Adresse des Verlages **www.mildenberger-verlag.de** ein.

2. Wählen Sie **Forum>Webseiten Lernen am PC**.

    Oder starten Sie die Autoren-Internet-Seite **www.computer-in-der-schule.de** und geben Sie **Gemeinsame Bücher>Lernen am PC** an.

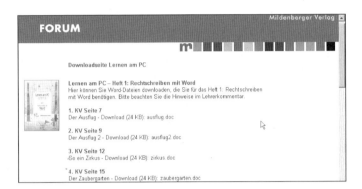

3. Wählen Sie das entsprechende Heft aus.

    Sobald Sie die **Übungsdatei** anklicken, startet der **Download**.

Beachten Sie ggf. den Speicherort der Datei und öffnen Sie diesen Ort wiederum in Word (z. B. über das Menü **Datei – Öffnen**)!

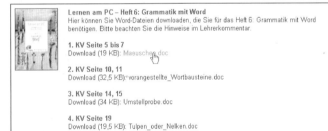

Einstellungen in Word

Zwischen Word 97 und Word 2000 und den höheren Versionen bestehen Unterschiede in der **Darstellung des Bildschirms**.

Arbeiten Sie mit **Word 2000 oder einer höheren Version**, sollten Sie die so genannten **Symbolleisten** anpassen.

Die zurzeit meist eingesetzten **Versionen von Word** sind:

▷ **Word 97**
▷ **Word 2000**
▷ **Word 2002/XP**
▷ **Word 2003**

In **Word 97** sind diese automatisch untereinander eingeblendet! Sie brauchen die nächsten Schritte nicht durchführen!

Ab **Word 2000** sind die Symbolleisten standardmäßig nicht immer untereinander eingeblendet! Meistens ist die Darstellung **„Untereinander"** einfacher, schneller

und vor allem übersichtlicher! Auch die einzelnen **Menüpunkte** sollten direkt vollständig aufklappbar sein!

Word-Version	Standard-Einstellungen
Word 97	Es muss nichts geändert werden.
Word 2000 Word 2002/XP Word 2003	Die Symbolleisten sollten untereinander eingeblendet sein.

Wenn Sie über **Word 2000 oder eine höhere Version** verfügen, nehmen Sie aus den o. g. Gründen die nächsten Einstellungen vor!

Starten Sie die Textverarbeitung **Word**.

Klicken Sie in Word auf den Menüpunkt
Extras>Anpassen.

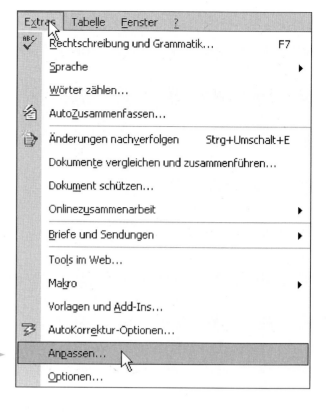

Aktivieren Sie die Registerkarte **Optionen**.

Von hier an ergeben sich Unterschiede in den Ausführungen. Bei **Word 2000** müssen Sie die Einstellung **deaktivieren**, bei den

höheren Versionen dagegen müssen diese **aktiviert** sein!

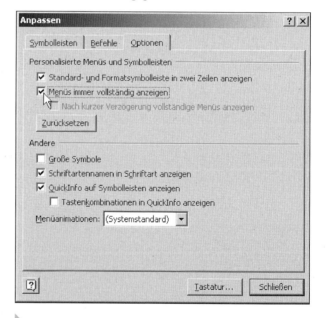

Bei der **Word-Version 2000 entfernen** Sie jeweils die beiden **Häkchen**, indem Sie diese mit der Maus anklicken.

Verlassen Sie das Dialogfeld z. B. über die Schaltfläche **Schließen**.

Die Symbolleisten sind nun **untereinander eingeblendet**. Die Menüpunkte werden direkt **vollständig** angezeigt. Die Handhabung von Word ist jetzt wesentlich schneller, einfacher und übersichtlicher.

Bei den **Word-Versionen Word 2002/XP** und **Word 2003** sollten dagegen die Einstellungen **aktiviert** sein.

Diese beiden Symbolleisten **Standard** und **Format** können über das Menü **Ansicht>Symbolleisten** jeweils ein- und ausgeblendet werden.
Das Häkchen bedeutet, dass sie aktiviert sind. Für die Arbeit mit diesem Heft sollten beide Symbolleisten eingeblendet sein!

von Rainer Walter Schwabe

Formatierungen

Sie gestalten Zahlen und Texte, indem Sie diese durch **Fett**- oder *Kursiv*-Schrift bzw. durch eine Unterstreichung hervorheben. Diese Vorgänge bezeichnet man in Word als **Formatieren**.

Dazu klicken Sie z. B. mit dem Cursor in das Wort und wählen die gewünschte Formatierung per Mausklick aus. Weitere Gestaltungsmöglichkeiten finden Sie im Menü **Format – Zeichen**.

Drücken Sie zuerst die Taste **Strg**, halten diese nieder und drücken dann die Taste **D**, so gelangen Sie direkt in dieses Dialogfeld.

Format übertragen

Über die Schaltfläche **Format übertragen** können Sie Formatierungen wiederholen. Dazu klicken Sie z. B. in das Wort, dessen Formatierung Sie übertragen möchten. Dann klicken Sie auf die Schaltfläche **Format übertragen**. Ein „Pinsel" erscheint als Mauszeiger. Klicken Sie in die gewünschte Textpassage, und das Format wird übertragen!

Schaltfläche „Format übertragen"	Auswirkung
Einmal anklicken	Sie können das Format einmal übertragen.
Doppelt anklicken	Sie können das Format beliebig oft übertragen.
Sie klicken die Schaltfläche noch einmal an oder drücken die Esc-Taste auf Ihrer Tastatur.	Die Funktion Format übertragen ist ausgeschaltet.

Das Einfügen von Textfeldern

Die **Zeichnen-Symbolleiste** benötigen Sie für das **Gestalten mit Word**. Mit der Schaltfläche **Zeichnen**

blenden Sie die Zeichnen-Symbolleiste ein und aus. Sie erscheint am unteren Bildschirmrand.

Klicken Sie die Schaltfläche **Zeichnen** an.

2▸ Die **Zeichnen-Symbolleiste** blendet sich am **unteren Bildschirmrand** ein. Sie fügen ein Textfeld über die Schaltfläche **Textfeld** ein.

Sie schreiben in ein Textfeld und können so Texte auf dem Bildschirm verschieben. Ein Textfeld erstellen Sie, wenn Sie die Schaltfläche Textfeld anklicken. Sie platzieren dann den Mauszeiger im Dokument und ziehen mit gedrückter linker Maustaste das **Textfeld** auf. Sobald die gewünschte Größe erreicht ist, lassen Sie die Maustaste los.

Hinweis: Ab der Word Version 2002/XP ergeben sich Änderungen in der Handhabung. Sie sollten das Textfeld außerhalb der **Begrenzung** erstellen. Das macht die spätere Handhabung wesentlich leichter!

Textfelder vergrößern und verkleinern:

Platzieren Sie den Mauszeiger auf einen der Ziehpunkte. Mit gedrückter linker Maustaste vergrößern oder verkleinern Sie das Textfeld.

Textfelder verschieben:
Platzieren Sie den Mauszeiger auf die Umrandung, können Sie das Textfeld mit gedrückter linker Maustaste verschieben.

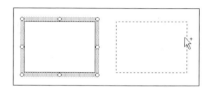
Drücken Sie beim Verschieben des Textfeldes die **Strg**-Taste auf der Tastatur **kopieren** Sie ein **Textfeld**.

Ordner für Schüler anlegen

In einem **Ordner**, auch **Verzeichnis** genannt, speichern die Schüler und Schülerinnen später ihre Dateien (hier: Word-Dokumente).

Um einen Ordner zu erstellen, bestehen mehrere Möglichkeiten. Hier eine davon:

1▸ Klicken Sie mit der linken Maustaste das Symbol **Arbeitsplatz doppelt** an.

2▸ Klicken Sie doppelt das Symbol für die Festplatte **(C:)** an.
Hier soll der neue Ordner angelegt werden.

3▸ Geben Sie den Befehl **Datei – Neu – Ordner** an.

4▸ Ein neuer Ordner wird angelegt.
Achtung: Der Ordner sollte präzise dieses Aussehen haben!

5▸ Tippen Sie das Wort z. B. **Schüler** ein.

6▸ Bestätigen Sie über die **Eingabe-Taste** (auch **Enter-Taste** genannt) auf der Tastatur.

Die Schülerinnen und Schüler **speichern** in das angelegte **Verzeichnis** (hier im Beispiel „**Schüler**"). Sinnvoller wäre es, auch Ordner für die **einzelnen Schüler** anzulegen. Dazu öffnen Sie den **Ordner Schüler** und führen die oben genannten Schritte aus.

Wörter haben Namen 1

Nomen

Wörter haben Namen. Es gibt z. B. Nomen, Verben und Adjektive.
Mit Nomen bezeichnen wir:

Nomen
schreibt man
groß!

Dinge
der Bleistift
die Tasche
das Mäppchen

Pflanzen/Tiere
die Blume
der Affe
das Schwein

Menschen
der Vater
die Mutter
das Kind

Gefühle/Gedanken
der Wunsch
die Freude
das Glück

▸ Suche weitere Nomen und schreibe sie auf die Notizzettel.

Dinge	Pflanzen/Tiere	Menschen	Gefühle/Gedanken
der _____	der _____	der _____	der _____

Die meisten Nomen gibt es in Einzahl und Mehrzahl.

der Apfel

die Äpfel

▸ Schreibe die Nomen aus den
Kästchen oben und aus deinen
Notizzetteln in Einzahl und
Mehrzahl (wo möglich) in dein Heft.

bestimmte Artikel: der Mann – die Frau – das Kind

unbestimmte Artikel: ein Mann – eine Frau – ein Kind

▸ Schreibe die Nomen aus den Kästchen oben und aus deinen
Notizzetteln mit bestimmten und unbestimmten Artikeln in dein Heft:
der Bleistift – ein Bleistift …

Wörter haben Namen 2
Verben

Verben (Tunwörter) sagen uns, was jemand tut oder was geschieht.

Er schwimmt.

Es regnet.

Er _____

▶ Suche für jedes Beispiel drei kurze Sätze.

Verben haben eine **Grundform** und verschiedene **Personalformen**.

spielen

ich spiele, er spielt, …

ich, du, er, sie, es, wir, ihr, sie

▶ Schreibe zwei deiner Verben aus der ersten Aufgabe in der Grundform und allen Personalformen in dein Heft.
Schwimmen: ich schwimme, du schwimmst, er …

Verben zeigen, ob etwas gerade geschieht oder ob es bereits vergangen ist.

Die Kinder spielen.

Gestern spielte er Klavier.

▶ Schreibe sechs Verben in der Gegenwart und der Vergangenheit auf die Linien unten:
Z. B.: singen – sangen, …

Wörter haben Namen 3
Adjektive

Adjektive (Wiewörter) sagen uns, **wie** jemand oder etwas ist. Sie beschreiben Menschen, Tiere, Pflanzen, Dinge, Gefühle oder Gedanken genauer.

Die **kluge** Schülerin stellt eine **interessante** Frage.

Das **kleine** Kätzchen hat **große** Angst vor dem **bissigen** Hund.

Die **schöne** Rose hat einen **dornigen** Stiel.

▸ Überlege, welche der zwölf Adjektive unten zu dem Nomen **Film** passen und markiere sie grün.

▸ Zwei Adjektive passen nicht. Markiere sie rot.

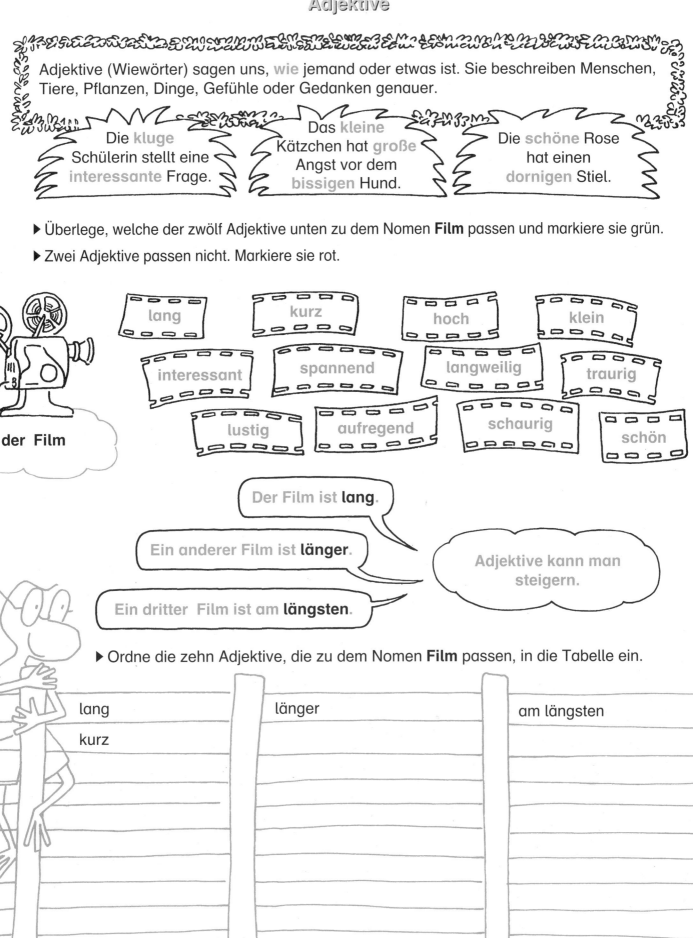

der Film

lang   kurz   hoch   klein

interessant   spannend   langweilig   traurig

lustig   aufregend   schaurig   schön

Der Film ist **lang**.

Ein anderer Film ist **länger**.

Ein dritter Film ist am **längsten**.

Adjektive kann man steigern.

▸ Ordne die zehn Adjektive, die zu dem Nomen **Film** passen, in die Tabelle ein.

lang	länger	am längsten
kurz		

Mäuschen

Unsere Katze Minka hat drei Babys: zwei schwarze und ein getigertes.

Das getigerte Kätzchen heißt Mäuschen. Es ist besonders klein, aber auch besonders frech und vorwitzig. Es klettert auf hohe Schränke und verkriecht sich in dunkle Ecken, sodass man es nicht mehr findet. Dann faucht es aus seinem Versteck und erschreckt mich und meine Geschwister.

Manchmal schlüpft es sogar unter meine Bettdecke und jagt dort hin und her. Nach einer Weile wird es ruhig und man hört nur noch lautes Schnurren.

Unserem frechen Mäuschen verzeihen wir aber auch den tollsten Schabernack!

▸ Lies die Geschichte aufmerksam durch.

▸ Unterstreiche alle Nomen blau, alle Verben rot und alle Adjektive grün.

▸ Suche dir drei Nomen aus und schreibe sie in der Einzahl und in der Mehrzahl auf.

_____

▸ Suche dir auch drei Verben aus und schreibe sie in der Grundform und in der Du-Form auf.

Hinweis

Wenn du nicht sicher bist, kannst du auf den Arbeitsblättern Nr. 1, 2 und 3 nachsehen.

_____

_____

▸ Steigere zum Schluss drei Adjektive:

_____

_____

_____

Auf den nächsten Seiten lernst du, die Nomen, Verben und Adjektive mit dem Computer zu unterstreichen.

Wörter haben Namen 5
Formatieren

▸ Unterstreiche in der Datei „Mäuschen" alle Nomen blau.

1 Öffne die Datei „Mäuschen".

2 Klicke in das erste Nomen.

Mäuschen

3 Wähle im Menü **Format** den Eintrag **Zeichen**.

Forma**t**	E**x**tras
A Zeichen...	

4 Vergewissere dich, dass die Registerkarte **Schrift** aktiviert ist.

Schrift **Z**eichen

5 Klicke auf den Pfeil neben **Unterstreichung** …

Unterstreichung:

(ohne)

6 … und wähle den **fett gedruckten** Strich aus.

Unterstreichung:
(ohne)

(ohne)
Nur Wörter

7 Klicke auf den Pfeil neben Farbe …

Fa**r**be:

Automatisch

8 … und wähle die Farbe **Blau**.

Automatisch

Blau

9 Bestätige deine Angaben mit **OK**.

OK

Dein Nomen ist jetzt blau unterstrichen.

Mäuschen

© Mildenberger Verlag GmbH · Lernen am PC · Heft 6: Grammatik mit Word · KV Seite 5

Für alle anderen Nomen hast du es jetzt einfacher, denn du kannst das Format (Unterstreichung und Farbe), das du eben zugewiesen hast, einfach übertragen. Dazu benutzt du die Schaltfläche mit dem Pinsel.

Wenn du mit der linken Maustaste auf diese Schaltfläche klickst, ändert sich das Aussehen des Mauszeigers. Er bekommt die Form eines Pinsels.

Achtung!

Wenn du zwischendurch deinen PC-Platz frei gemacht hattest, musst du den Computer wieder an das Format erinnern und zuerst auf das unterstrichene Wort klicken.

Willst du die Unterstreichung und die Farbe nur einmal übertragen, klickst du den Pinsel **einmal** an.

In deinem Text sind aber mehrere Nomen, die du unterstreichen musst. Deshalb klickst du den Pinsel **doppelt** an.

1 Klicke doppelt auf die Schaltfläche **Pinsel**. Er ist jetzt aktiviert.

2 Klicke anschließend auf das nächste Nomen, das du blau unterstreichen möchtest.

Das Wort ist jetzt blau unterstrichen:

Mäuschen

Unsere Katze Mir

3 Klicke so alle weiteren Nomen an.

4 Klicke zum Schluss noch einmal auf den Pinsel, um ihn auszuschalten.

Hinweis

Ausschalten kannst du den Pinsel auch mit der Esc-Taste.

Hinweis

Vergiss nicht, deine Arbeit zwischendurch zu speichern.

Wörter haben Namen 7

Formatierung ändern

▶ Unterstreiche jetzt alle Verben rot.

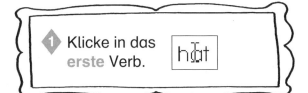

1 Klicke in das **erste** Verb. `hat`

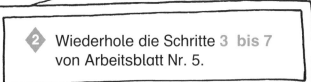

2 Wiederhole die Schritte **3 bis 7** von Arbeitsblatt Nr. 5.

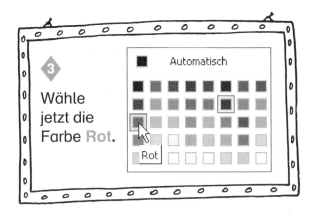

3 Wähle jetzt die Farbe **Rot**.

Automatisch

Rot

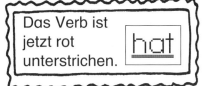

Das Verb ist jetzt rot unterstrichen. `hat`

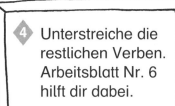

4 Unterstreiche die restlichen Verben. Arbeitsblatt Nr. 6 hilft dir dabei.

▶ Unterstreiche jetzt die Adjektive grün.

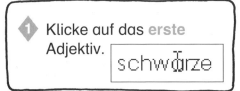

1 Klicke auf das **erste** Adjektiv. `schwarze`

2 Wiederhole die Schritte **3 bis 7** von Arbeitsblatt Nr. 5.

3 Wähle jetzt die Farbe **Grün**.

Automatisch

Grün

Das Adjektiv ist jetzt grün unterstrichen.

`schwarze`

4 Unterstreiche die **restlichen Adjektive**. Arbeitsblatt Nr. 6 hilft dir dabei.

5 Speichere zum Schluss deine Arbeit.

Wörter haben Namen 8

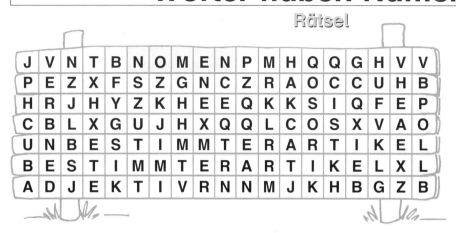

Rätsel

J	V	N	T	B	N	O	M	E	N	P	M	H	Q	Q	G	H	V	V
P	E	Z	X	F	S	Z	G	N	C	Z	R	A	O	C	C	U	H	B
H	R	J	H	Y	Z	K	H	E	E	Q	K	K	S	I	Q	F	E	P
C	B	L	X	G	U	J	H	X	Q	Q	L	C	O	S	X	V	A	O
U	N	B	E	S	T	I	M	M	T	E	R	A	R	T	I	K	E	L
B	E	S	T	I	M	M	T	E	R	A	R	T	I	K	E	L	X	L
A	D	J	E	K	T	I	V	R	N	N	M	J	K	H	B	G	Z	B

▶ Im Rätsel sind fünf Namen für Wörter versteckt. Achtung! Zwei Namen bestehen aus zwei Wörtern.

▶ Es geht waagerecht und senkrecht.

▶ Achte beim Aufschreiben auf Groß- und Kleinschreibung!

_____

_____

_____

h	b	h	d	u	s	i	e	h	s	t
j	h	y	z	k	h	d	ß	ü	s	h
d	e	e	q	k	k	u	s	i	q	a
u	f	e	p	c	l	l	x	g	u	r
g	s	k	j	h	x	ä	h	q	q	t
e	e	a	l	l	c	u	c	o	r	s
h	h	l	x	a	v	f	i	a	e	o
s	e	t	x	u	l	s	e	r	u	n
t	n	n	m	f	j	t	w	k	a	h
b	g	z	n	e	h	e	g	b	s	k
w	a	r	m	n	j	m	e	m	g	q

▶ Im Wörterrätsel sind sechs Adjektive als Gegensatzpaare versteckt.

▶ Außerdem findest du drei Verben jeweils in der Grundform und in der Du-Form.

▶ Es geht waagerecht, senkrecht und rückwärts.

_____

_____

_____

_____

▶ Kannst du das lesen? Schreibe die Sätze auf die Linien.

ESGI BTZ. B. NOMEN VERB EN, AD JETIVEUN DARTI KEL. NOME NWE RDENG R Oß GESC HRIE B EN.

WÖRTE RHAB ENNA MEN.

_____

_____

Vorangestellte Wortbausteine 1
Verbenrad

Mit den Wortbausteinen im äußeren Kreis kannst du viele neue Wörter zu den Verben in den Pfeilen bauen.

▸ Bastle dir das Verbenrad. Übertrage es auf Tonpapier oder Pappe. Schneide die Pfeile in der Mitte extra aus und hefte sie mit einer Musterklammer auf den Kreis.

▸ Jetzt kannst du das Rad drehen und neue Verben bilden.

▸ Schreibe deine Verben auf die Linien unten.

Achtung! Nicht alles passt!

1 begeben, vorgeben, …

2 begehen, …

3

4

Deine Lehrerin / dein Lehrer hat die Datei Wortbausteine für dich vorbereitet, in der du Wortbausteine verschieben und neue Verben bilden kannst.

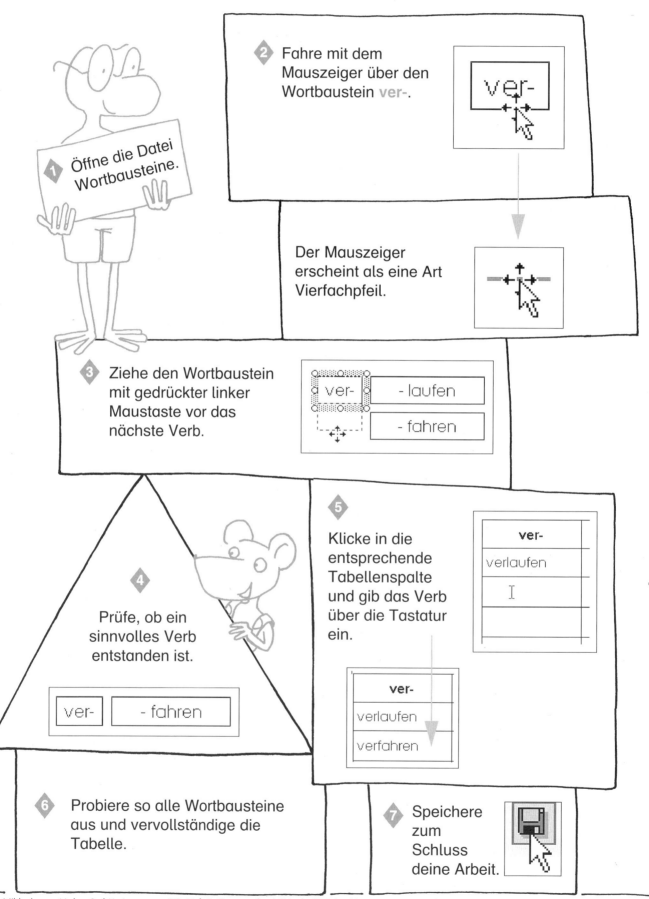

1 Öffne die Datei Wortbausteine.

2 Fahre mit dem Mauszeiger über den Wortbaustein **ver-**.

Der Mauszeiger erscheint als eine Art Vierfachpfeil.

3 Ziehe den Wortbaustein mit gedrückter linker Maustaste vor das nächste Verb.

4 Prüfe, ob ein sinnvolles Verb entstanden ist.

5 Klicke in die entsprechende Tabellenspalte und gib das Verb über die Tastatur ein.

6 Probiere so alle Wortbausteine aus und vervollständige die Tabelle.

7 Speichere zum Schluss deine Arbeit.

Vorangestellte Wortbausteine 3

Wortbausteine – Rätsel herstellen

Du kannst für deinen Partner selbst ein Wortbausteine-Rätsel mit dem Computer herstellen. Dazu musst du natürlich zuerst das Programm Word öffnen. Überlege dir auch neue Wortbausteine und Verben, bevor du mit der Arbeit beginnst.

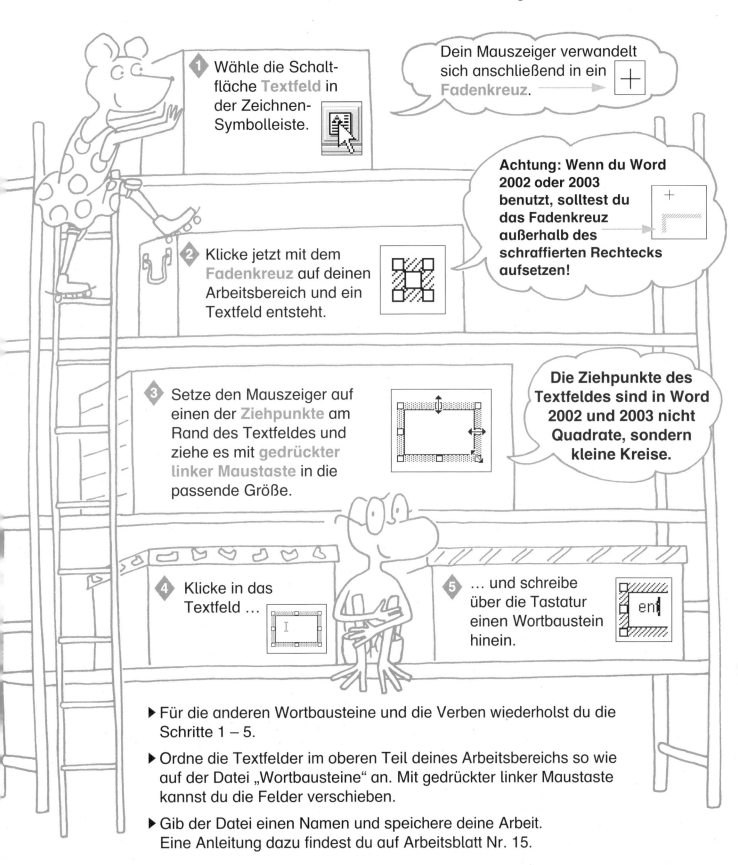

1 Wähle die Schaltfläche Textfeld in der Zeichnen-Symbolleiste.

Dein Mauszeiger verwandelt sich anschließend in ein Fadenkreuz.

Achtung: Wenn du Word 2002 oder 2003 benutzt, solltest du das Fadenkreuz außerhalb des schraffierten Rechtecks aufsetzen!

2 Klicke jetzt mit dem Fadenkreuz auf deinen Arbeitsbereich und ein Textfeld entsteht.

3 Setze den Mauszeiger auf einen der Ziehpunkte am Rand des Textfeldes und ziehe es mit gedrückter linker Maustaste in die passende Größe.

Die Ziehpunkte des Textfeldes sind in Word 2002 und 2003 nicht Quadrate, sondern kleine Kreise.

4 Klicke in das Textfeld …

5 … und schreibe über die Tastatur einen Wortbaustein hinein.

▶ Für die anderen Wortbausteine und die Verben wiederholst du die Schritte 1 – 5.

▶ Ordne die Textfelder im oberen Teil deines Arbeitsbereichs so wie auf der Datei „Wortbausteine" an. Mit gedrückter linker Maustaste kannst du die Felder verschieben.

▶ Gib der Datei einen Namen und speichere deine Arbeit. Eine Anleitung dazu findest du auf Arbeitsblatt Nr. 15.

Vorangestellte Wortbausteine 4

Fortsetzung: Wortbausteine – Rätsel herstellen

Jetzt musst du deinem Rätsel nur noch die Tabelle beifügen. Hier lernst du, wie das geht.

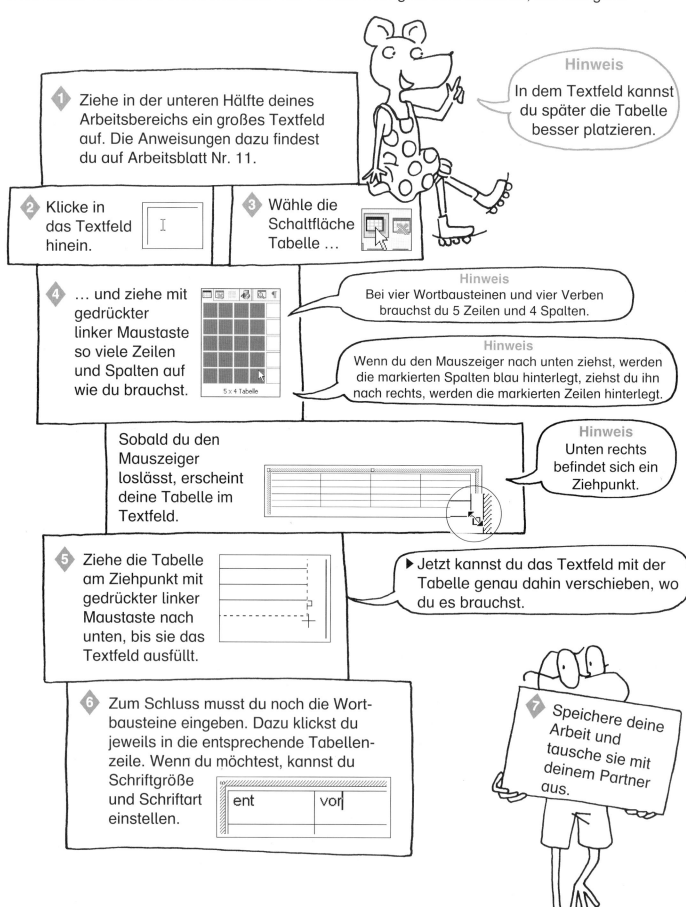

1 Ziehe in der unteren Hälfte deines Arbeitsbereichs ein großes Textfeld auf. Die Anweisungen dazu findest du auf Arbeitsblatt Nr. 11.

Hinweis
In dem Textfeld kannst du später die Tabelle besser platzieren.

2 Klicke in das Textfeld hinein.

3 Wähle die Schaltfläche Tabelle …

4 … und ziehe mit gedrückter linker Maustaste so viele Zeilen und Spalten auf wie du brauchst.

5 x 4 Tabelle

Hinweis
Bei vier Wortbausteinen und vier Verben brauchst du 5 Zeilen und 4 Spalten.

Hinweis
Wenn du den Mauszeiger nach unten ziehst, werden die markierten Spalten blau hinterlegt, ziehst du ihn nach rechts, werden die markierten Zeilen hinterlegt.

Sobald du den Mauszeiger loslässt, erscheint deine Tabelle im Textfeld.

Hinweis
Unten rechts befindet sich ein Ziehpunkt.

5 Ziehe die Tabelle am Ziehpunkt mit gedrückter linker Maustaste nach unten, bis sie das Textfeld ausfüllt.

▶ Jetzt kannst du das Textfeld mit der Tabelle genau dahin verschieben, wo du es brauchst.

6 Zum Schluss musst du noch die Wortbausteine eingeben. Dazu klickst du jeweils in die entsprechende Tabellenzeile. Wenn du möchtest, kannst du Schriftgröße und Schriftart einstellen.

ent	vor

7 Speichere deine Arbeit und tausche sie mit deinem Partner aus.

Satzglieder

▶ Erinnerst du dich? Jeder Satz besteht aus Satzgliedern.

▶ In den Kästen unten findest du verschiedene Satzglieder.
Bilde daraus zwei sinnvolle Sätze und schreibe sie auf die Linien.

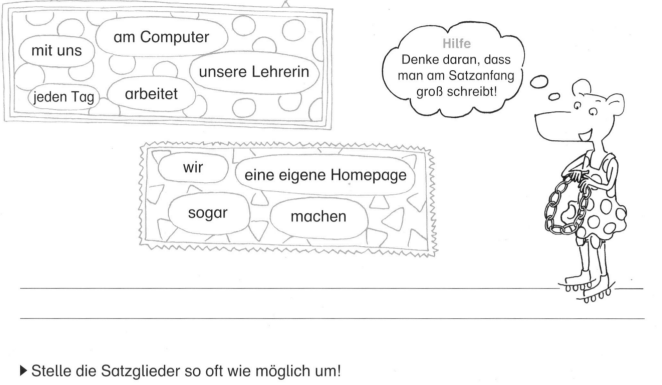

Hilfe
Denke daran, dass man am Satzanfang groß schreibt!

mit uns   am Computer   unsere Lehrerin   jeden Tag   arbeitet

wir   eine eigene Homepage   sogar   machen

_____

_____

▶ Stelle die Satzglieder so oft wie möglich um!

_____

_____

_____

_____

_____

Satzglieder können aus einem oder mehreren Wörtern bestehen. Die Wörter bleiben beim Umstellen zusammen!

▶ Mache mit dem Computer die Umstellprobe und zeichne anschließend die Satzglieder in die Kärtchen unten ein. Arbeitsblatt Nr. 14 hilft dir bei der Arbeit mit dem PC.

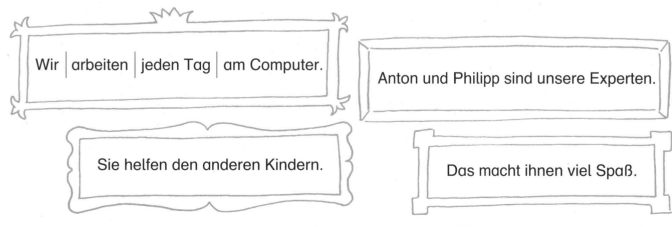

Wir | arbeiten | jeden Tag | am Computer.

Anton und Philipp sind unsere Experten.

Sie helfen den anderen Kindern.

Das macht ihnen viel Spaß.

© Mildenberger Verlag GmbH · Lernen am PC · Heft 6: Grammatik mit Word · KV Seite 13

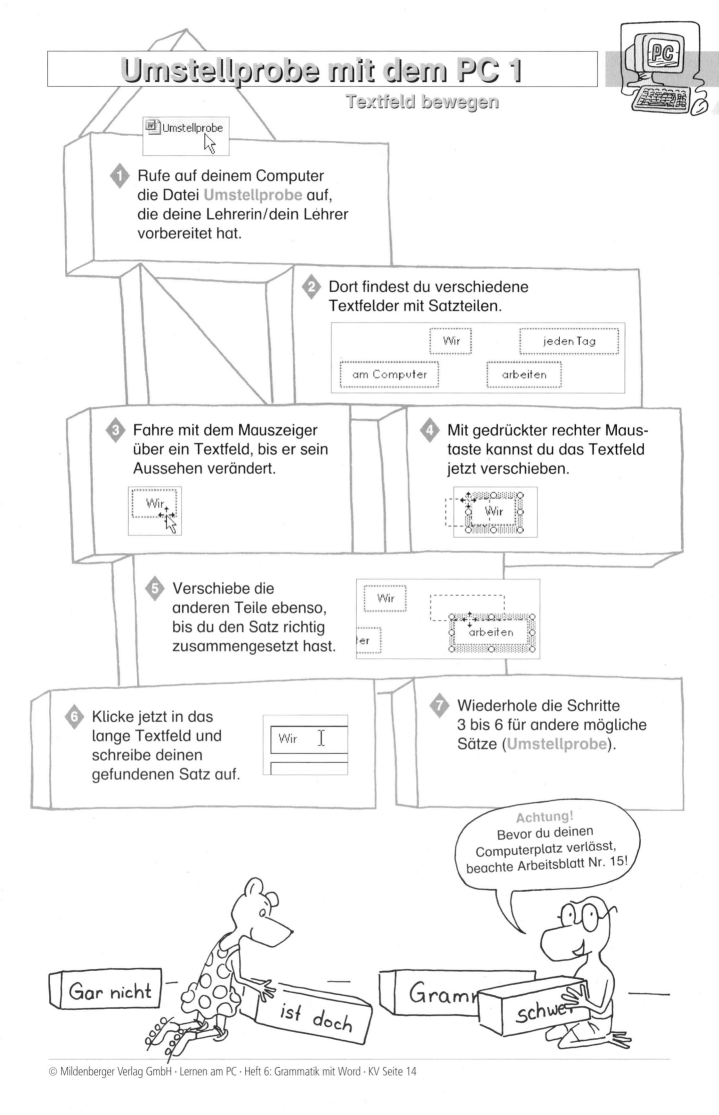

Umstellprobe mit dem PC 1

Textfeld bewegen

Umstellprobe

1 Rufe auf deinem Computer die Datei Umstellprobe auf, die deine Lehrerin/dein Lehrer vorbereitet hat.

2 Dort findest du verschiedene Textfelder mit Satzteilen.

Wir   jeden Tag

am Computer   arbeiten

3 Fahre mit dem Mauszeiger über ein Textfeld, bis er sein Aussehen verändert.

Wir

4 Mit gedrückter rechter Maustaste kannst du das Textfeld jetzt verschieben.

Wir

5 Verschiebe die anderen Teile ebenso, bis du den Satz richtig zusammengesetzt hast.

Wir

arbeiten

6 Klicke jetzt in das lange Textfeld und schreibe deinen gefundenen Satz auf.

Wir

7 Wiederhole die Schritte 3 bis 6 für andere mögliche Sätze (Umstellprobe).

Achtung!
Bevor du deinen Computerplatz verlässt, beachte Arbeitsblatt Nr. 15!

Gar nicht   ist doch   Gramm   schwer

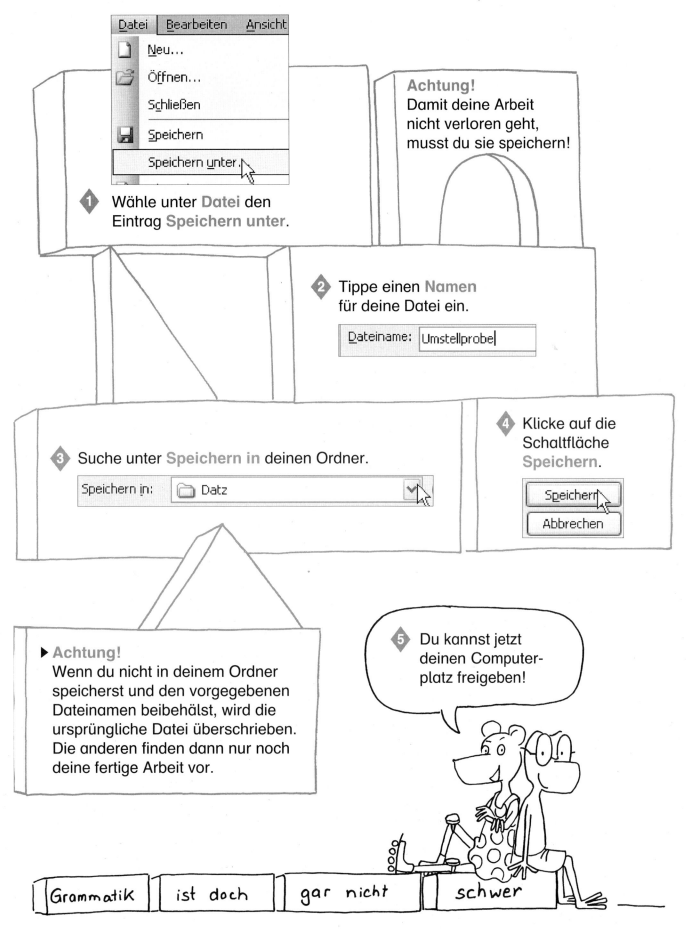

Datei **Bearbeiten** **Ansicht**

Neu...
Öffnen...
Schließen
Speichern
Speichern unter...

1 Wähle unter **Datei** den Eintrag **Speichern unter**.

Achtung! Damit deine Arbeit nicht verloren geht, musst du sie speichern!

2 Tippe einen **Namen** für deine Datei ein.

Dateiname: Umstellprobe

3 Suche unter **Speichern in** deinen Ordner.

Speichern in: Datz

4 Klicke auf die Schaltfläche **Speichern**.

Speichern
Abbrechen

▶ **Achtung!** Wenn du nicht in deinem Ordner speicherst und den vorgegebenen Dateinamen beibehältst, wird die ursprüngliche Datei überschrieben. Die anderen finden dann nur noch deine fertige Arbeit vor.

5 Du kannst jetzt deinen Computerplatz freigeben!

| Grammatik | ist doch | gar nicht | schwer |

Umstellprobe mit dem PC 3

Ausschneiden und einfügen

▶ Jetzt sollst du selbst die Glieder in einem Satz durch die Umstellprobe herausfinden.
Mit dem PC geht das einfach, weil du Fehler schnell korrigieren kannst.

1 Öffne das Programm **Word** und schreibe den Satz: **Meine Eltern und ich fahren jedes Jahr nach Spanien**.

2 Setze den Mauszeiger vor das erste Wort eines Satzgliedes …

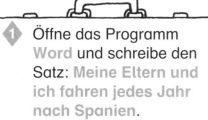

Hinweis
Um einzelne Wörter zu markieren, brauchst du sie nur doppelt anzuklicken.

3 … und fahre mit gedrückter linker Maustaste über alle Wörter, die dazugehören.

Alle Wörter deines Satzgliedes sind jetzt schwarz hinterlegt. Sie sind **markiert**.

4 Wähle die Schaltfläche **Ausschneiden**.

Der markierte Teil deines Satzes ist verschwunden. Keine Angst, du holst ihn gleich wieder zurück!

fahren jedes Jahr nach Spanien.

5 Klicke an die Stelle im Text, an die du das Satzstück wieder einfügen möchtest …

JahrInach

6 … und wähle die Schaltfläche **Einfügen**.

Jahr Meine Eltern und ichInach

▶ Wiederhole die Schritte 2 bis 6 so oft, bis du einen sinnvollen Satz gefunden hast.

▶ Schreibe den Satz in dein Heft und markiere die Satzteile.

▶ Versuche es anschließend erneut. Wie viele sinnvolle Sätze erhältst du?

▶ Bearbeite zum Schluss einen eigenen Satz und tausche ihn mit deinem Partner aus.

Hinweis
Achte beim Aufschreiben auf die veränderten Satzanfänge (Groß- und Kleinschreibung!) und die Satzzeichen.

Satzglieder haben Namen 1
Das Subjekt

In diesem Jahr wollen wir im Urlaub in die Berge. Meine Eltern suchen schon lange nach einem passenden Ort. Gestern war Vater im Reisebüro. Dort hat er viele bunte Prospekte bekommen. Aber mein Bruder hat im Internet nachgesehen und einen tollen Ort für uns gefunden. Den will Vater jetzt buchen.

▶ Frage nach dem Subjekt und markiere es im Text blau.

Nach dem Subjekt fragst du mit „Wer oder was?"

Wer oder was will im Urlaub in die Berge? wir

Wer oder …

Wer oder …

Wer …

Wer …

Wer …

Satzglieder haben Namen 2

Das Prädikat

Computer in der Schule

In der Klasse arbeiten wir mit dem Computer. Der Experte Phillip startet die Rechner für uns. Adrian schreibt Geschichten mit dem Textprogramm. Anton malt lieber mit Paint. Fabia sucht Bilder im Internet. Max schaut ein Video über Vulkane an. Lena löst am liebsten komplizierte Puzzles. Martin rechnet sogar mit dem PC die Aufgaben aus.

▶ Frage nach dem Prädikat und markiere es im Text rot.

Das Prädikat (Satzaussage) sagt, was das Subjekt **tut** oder was **geschieht**. Manchmal besteht es aus zwei Teilen.

Was tun wir in der Klasse? Wir arbeiten.

Was tut …

Was …

Was …

Was …

Was …   Er schaut an.

Was …

Was …

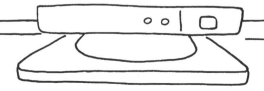

Satzglieder haben Namen 3
Das zweiteilige Prädikat

Zu meinem Geburtstag _____ ich alle meine Freunde _____. Zuerst

_____ ich die Kerzen _____, dann _____ wir den Kuchen _____ .

Später _____ die Jungen den Computer _____ und die Mädchen

_____ die Spiele _____ . Bevor wir zum Schluss ins Kino gehen,

_____ ich ihnen ein Lied auf meiner neuen Mundharmonika _____ und Mutter

_____ das Licht _____ .

---

einladen, ausblasen, aufessen, hochfahren, aussuchen, vorspielen, ausschalten

▶ Trage die fehlenden Prädikate ein und markiere sie rot. Achte auf die richtige Form!

▶ Auch Lena feiert Geburtstag. Schreibe auf, was sie alles tut und unterstreiche jeweils das zweiteilige Prädikat rot. Benutze dazu die Wörter im Kasten rechts.

Prädikate können aus zwei Teilen bestehen:
Ich sehe dich an.
Ich habe ein Lied gesungen.
Er will nach Hause gehen.

einschalten, auspacken, austrinken, vorführen, singen wollen, einschlafen,

Lena schaltet an ihrem Geburtstag den Fernseher ein.

Satzglieder haben Namen 4
Subjekt und Prädikat hervorheben

Mit Word kannst du wie mit einem Textmarker arbeiten. Hier sollst du alle Subjekte in einem Text blau und die Prädikate rot markieren.

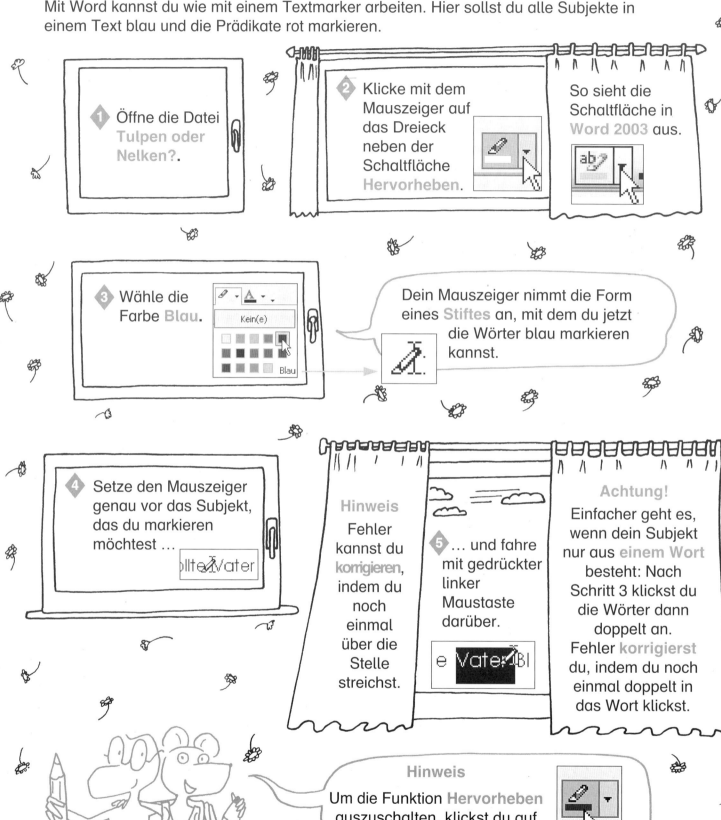

1 Öffne die Datei Tulpen oder Nelken?.

2 Klicke mit dem Mauszeiger auf das Dreieck neben der Schaltfläche Hervorheben.

So sieht die Schaltfläche in Word 2003 aus.

3 Wähle die Farbe Blau.

Dein Mauszeiger nimmt die Form eines Stiftes an, mit dem du jetzt die Wörter blau markieren kannst.

4 Setze den Mauszeiger genau vor das Subjekt, das du markieren möchtest …

Hinweis Fehler kannst du korrigieren, indem du noch einmal über die Stelle streichst.

5 … und fahre mit gedrückter linker Maustaste darüber.

Achtung! Einfacher geht es, wenn dein Subjekt nur aus einem Wort besteht: Nach Schritt 3 klickst du die Wörter dann doppelt an. Fehler korrigierst du, indem du noch einmal doppelt in das Wort klickst.

Hinweis Um die Funktion Hervorheben auszuschalten, klickst du auf die Schaltfläche.

▶ Wiederhole die Schritte um die Prädikate zu markieren. Denke daran, bei Schritt 3 die Farbe Rot zu wählen.